EL CAMINO DE SANTIAGO

Verbum **Infantil-Juvenil**

Dirigida por: LUIS RAFAEL

Colección creada especialmente para la formación y el disfrute de los primeros lectores. Libros atractivos, con temas, lenguaje y enfoques contemporáneos, que permitirán a niños y jóvenes deleitarse con la lectura al tiempo que acceden a universos donde la palabra es vehículo idóneo para explicar, desde el arte, las disímiles aristas de la realidad.

ALEJANDRO ALCALÁ

EL CAMINO DE SANTIAGO:

Historia, Leyendas, Guía y Curiosidades

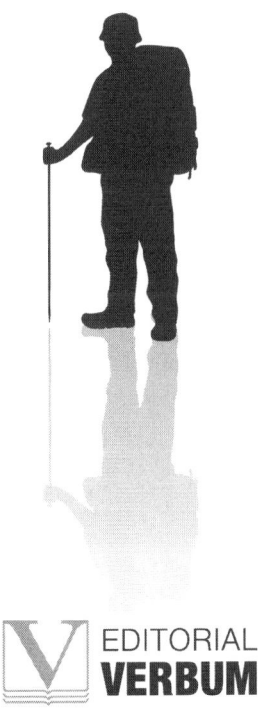

EDITORIAL
VERBUM

© Alejandro Alcalá, 2024
© Editorial Verbum, S.L., 2024

Tr.ª Sierra de Gata, 5
La Poveda (Arganda del Rey)
28500 Madrid
Teléf.: (+34) 910 46 54 33
e-mail: info@editorialverbum.es
https://editorialverbum.es

I.S.B.N.: 978-84-1136-762-2
Depósito Legal: M-19778-2024

Diseño y maquetación: Iván García Molinero
Preimpresión: Adrians Esquivel Romero
Printed in Spain / Impreso en España

ÍNDICE

Introducción

E l Camino de Santiago, también conocido como la Ruta Jacobea, no es solo una de las peregrinaciones más importantes y antiguas del mundo cristiano, sino una experiencia transformadora que trasciende el tiempo y la cultura. Desde la Edad Media hasta la actualidad, millones de peregrinos han recorrido sus variados y fascinantes senderos, motivados por la búsqueda de espiritualidad, el deseo de aventura y la profunda necesidad de autoconocimiento.

Este libro ha sido diseñado para ofrecerte una visión completa y enriquecedora del Camino de Santiago, sumergiéndote en su rica y apasionante historia, desvelando las leyendas que lo rodean y proporcionándote una guía práctica que te acompañará en cada paso de tu viaje. Además, descubrirás curiosidades y detalles que hacen de este recorrido una experiencia verdaderamente única, algo más que un simple viaje, una travesía que cambiará tu vida.

Ya seas un peregrino novato, un aventurero experimentado, o alguien en busca de una profunda conexión espiritual, este libro será tu mejor compañero en el Camino, brindándote las herramientas y el conocimiento necesarios para hacer de tu peregrinación una experiencia inolvidable.

¡Prepárate para descubrir el Camino de Santiago como nunca antes lo habías imaginado y deja que este libro te guíe hacia una aventura que marcará un antes y un después en tu vida!

CAPÍTULO 1:
HISTORIA DEL CAMINO
DE SANTIAGO

Orígenes y Desarrollo

El origen del Camino de Santiago se remonta al descubrimiento de la tumba del apóstol Santiago el Mayor en el siglo IX en Compostela, Galicia. Según la tradición, el ermitaño Pelayo fue guiado por una estrella hasta el lugar donde yacía el cuerpo del apóstol, dando origen al nombre "Compostela" que significa "campo de estrellas". Este hallazgo conquistó la atención del rey Alfonso II de Asturias, quien mandó construir una iglesia en el lugar.

El descubrimiento de la tumba del apóstol Santiago no solo marcó el inicio de la peregrinación, sino que también consolidó a Santiago de Compostela como un importante centro religioso en la Europa medieval. Este evento fue visto como un milagro divino, y rápidamente se difundió la noticia, atrayendo a peregrinos de todas partes del continente.

Durante los siglos siguientes, la devoción hacia el apóstol Santiago creció, convirtiendo a Santiago de Compostela en un importante centro de peregrinación. El apoyo de reyes y nobles, así como la creación de infraestructuras como hospitales y puentes, facilitaron el camino a los peregrinos. Estos esfuerzos incluyeron la construcción de caminos empedrados, puentes y albergues a lo largo de las rutas principales, ofreciendo seguridad y alojamiento a los viajeros.

Uno de los eventos más significativos en el desarrollo del Camino fue la visita del papa Calixto II, quien en 1122 declaró el Año Santo Compostelano, otorgando indulgencias plenarias a quienes peregrinaran a Santiago en ese año. Este decreto aumentó enormemente el número de peregrinos y consolidó la importancia de la ruta. Las indulgencias ofrecidas prometían la remisión y perdón de los pecados, lo cual era un poderoso incentivo para los fieles.

El *Códice Calixtino*, un manuscrito del siglo XII atribuido al papa Calixto II, es una fuente invaluable para entender la historia y la importancia del Camino de Santiago. Este códice no solo contiene guías y consejos para los peregrinos, sino también sermones, liturgias y relatos de milagros asociados a la peregrinación.

La Edad Media: Época Dorada

D urante la Edad Media, el Camino de Santiago vivió su época dorada. Miles de peregrinos de toda Europa emprendían el viaje, impulsados por la fe y la promesa de indulgencias. Se crearon rutas desde diversos puntos del continente, incluyendo el Camino Francés, el Camino del Norte y el Camino Portugués. La Ruta Jacobea no solo fue un camino de fe, sino también un importantísimo canal de intercambio cultural y económico.

Desde luego, La Orden de Santiago, fundada en el siglo XII, jugó un papel crucial en la protección de los peregrinos y en la promoción del culto jacobeo. Esta orden militar-religiosa no solo defendía a los peregrinos de los peligros del camino y de bandidos, sino que también administraba hospitales y albergues. La construcción de catedrales, monasterios y hospitales a lo largo del Camino atestigua su importancia en la vida medieval. Estas instituciones no solo ofrecían refugio y cuidado a los peregrinos, sino que también servían como centros de educación y cultura.

El auge del Camino también fomentó el desarrollo económico de las regiones por donde pasaba. Mercados, ferias y talleres artesanales florecieron, ofreciendo bienes y servicios a los peregrinos y a las comunidades locales. Este intercambio promovió el desarrollo de nuevas técnicas y la difusión de ideas y conocimientos.

Uno de los puntos clave del Camino Francés es el Puente la Reina en Navarra, una impresionante obra de ingeniería medieval construida para facilitar el paso de los peregrinos sobre el río Arga. Este puente es un símbolo del esfuerzo conjunto de las autoridades civiles y religiosas para apoyar la peregrinación.

Renacimiento y Declive

Con la llegada del Renacimiento y la Reforma Protestante, el interés por el Camino de Santiago disminuyó, sobre todo en los países donde el protestantismo consiguió muchos seguidores. Las guerras, las epidemias y la inseguridad en las rutas también contribuyeron a su declive. La creciente secularización de Europa y los cambios en las prácticas religiosas redujeron el número de peregrinos.

Sin embargo, en el siglo XX, el Camino experimentó una revitalización gracias a los esfuerzos de personas como Elías Valiña, párroco de O Cebreiro, quien señalizó el Camino con las famosas flechas amarillas, hoy emblemáticas. Su trabajo no solo revitalizó la peregrinación, sino que también creó una comunidad de peregrinos moderna que sigue sus huellas hoy en día.

El resurgimiento del Camino también se vio impulsado por el reconocimiento de la UNESCO como Patrimonio de la Humanidad en 1993, y por la declaración

Elias Valiña

del Camino como Primer Itinerario Cultural Europeo por el Consejo de Europa en 1987. Estas distinciones han ayudado a preservar el patrimonio y a promover la ruta a nivel mundial.

En 1993, el Año Santo Compostelano, la visita del papa Juan Pablo II a Santiago de Compostela reafirmó la importancia del Camino en la espiritualidad cristiana moderna. Su mensaje de paz y reconciliación resonó entre los peregrinos y las comunidades locales, revitalizando el interés en la peregrinación.

El Camino en la Actualidad

Hoy en día, el Camino de Santiago ha resurgido como un fenómeno global, atrayendo a peregrinos de todo el mundo y especialmente de América. Cada año, cientos de miles de personas recorren sus diversas rutas, movidos por motivos religiosos, espirituales, culturales o simplemente por el deseo de aventura. El Camino se ha adaptado a los tiempos modernos, ofreciendo comodidades y servicios que facilitan la peregrinación, sin perder su esencia histórica y espiritual.

La infraestructura del Camino se ha modernizado, con albergues y hostales que ofrecen comodidades básicas y modernas. Además, las tecnologías actuales permiten a los peregrinos compartir sus experiencias en tiempo real a través de redes sociales, creando una comunidad global conectada.

El impacto económico del Camino es significativo para Galia y para toda España, ya que supone un fuerte impulso al turismo y a las economías locales. Las tiendas, restaurantes y servicios relacionados con la peregrinación han prosperado, beneficiando a las comunidades locales a lo largo de todo el Camino.

El Camino de Santiago sigue siendo un viaje de autodescubrimiento y reflexión para muchos. La combinación de historia, espiritualidad y aventura lo convierte en una experiencia única que atrae a personas de todas las edades y nacionalidades.

CAPÍTULO 2:
LEYENDAS DEL CAMINO
DE SANTIAGO

El Peregrino y la Estrella

En una noche oscura y silenciosa, el peregrino Juan avanzaba lentamente por el Camino de Santiago. La luna llena iluminaba el sendero, proyectando sombras fantasmales en el suelo. Los bosques alrededor de él susurraban historias antiguas, y el viento parecía cantar una canción melancólica. Las copas de los árboles se mecían suavemente, creando un techo verde que apenas dejaba pasar la luz de la luna.

Juan se detuvo un momento para descansar y, al levantar la vista, vio una estrella fugaz cruzar el cielo.

Sintió un escalofrío recorrer su espalda. "¿Será una señal?", pensó.

Entonces, a lo lejos, divisó una pequeña ermita de piedra, casi oculta por la densa vegetación. Decidió acercarse para encontrar refugio. Al entrar, el aroma a incienso y las velas encendidas crearon una atmósfera mística. Las paredes estaban adornadas con antiguos frescos que representaban escenas de milagros y peregrinaciones. En el altar, una imagen de Santiago Apóstol parecía observarlo con una mirada penetrante.

—¡Bienvenido, peregrino! —una voz grave y cálida rompió el silencio.

Juan se volvió y vio a un anciano de barba blanca y ojos centelleantes.

—¿Quién eres? —preguntó Juan, sorprendido.

—Soy un guardián del Camino —respondió el anciano—. Cada noche vigilo a los peregrinos que, como tú, buscan respuestas.

Juan sintió una mezcla de temor y curiosidad. "¿Qué busca este hombre de mí?", se preguntó.

El anciano se acercó lentamente y, señalando la estrella en el cielo, dijo:

—Esa estrella es tu guía. Te llevará a un destino que cambiará tu vida. Pero antes debes enfrentar tus miedos más profundos.

Juan tragó saliva. "¿Qué miedos?", pensó. Sin embargo, decidió confiar en el anciano.

Al amanecer, Juan continuó su camino, siguiendo la dirección de la estrella. Mientras avanzaba, se topó con un puente de piedra que cruzaba un río tumultuoso. El sonido del agua al chocar contra las rocas llenaba el aire con una melodía constante. Al cruzarlo, escuchó un murmullo:

—¡Ayúdame! —la voz parecía provenir del agua.

Juan se inclinó y vio una figura femenina atrapada entre las rocas. Sin dudarlo, se lanzó al agua y, con gran esfuerzo, logró rescatarla.

—Gracias, peregrino —dijo la mujer, con una sonrisa que irradiaba luz—. Soy una guardiana del río. Has demostrado valentía y compasión. Ahora, sigue tu camino, la estrella te espera.

Continuó su viaje y, al llegar a una encrucijada en un claro del bosque, vio una figura encapuchada que bloqueaba su camino.

—Para seguir, debes enfrentarte a mí —dijo la figura con voz amenazante.

Juan se preparó para el combate, recordando las palabras del anciano. La lucha fue intensa, pero con determinación y coraje, Juan logró vencer a la figura encapuchada, que desapareció en una nube de humo.

Finalmente, al anochecer, llegó a un claro en el bosque donde la estrella brillaba más intensamente. En el centro del claro, encontró una espada incrustada en una roca. Al tocarla, sintió una energía poderosa recorrer su cuerpo.

—Eres digno —una voz celestial resonó en el aire—. La espada es tu recompensa y símbolo de tu transformación.

Juan, con la espada en mano, sintió una paz profunda y una conexión espiritual que jamás había experimentado. Entendió que su viaje no solo era físico, sino también una travesía interna de autoconocimiento y superación.

"El Camino de Santiago me ha cambiado para siempre", pensó, mientras la estrella brillaba en lo alto, guiando a otros peregrinos hacia su destino.

El Milagro de la Gallina de Santo Domingo de la Calzada

En una tarde de primavera, los padres del joven peregrino Hugonell caminaban desesperados por las calles de Santo Domingo de la Calzada. Su hijo, un muchacho alemán de noble corazón, había sido acusado injustamente de robar en una posada y condenado a la horca. El sol se ocultaba en el horizonte, proyectando una sombra lúgubre sobre sus esperanzas.

—Por favor, Santo Domingo, ayúdanos —rogaban los padres con lágrimas en los ojos, frente a la imagen del santo.

Al llegar al lugar de la ejecución, encontraron el cuerpo de Hugonell colgando de la horca, pero, increíblemente, seguía respirando. La Virgen María sostenía al joven, manteniéndolo con vida.

—¡Milagro! —gritaron los padres, llenos de asombro y gratitud.

Corrieron a la casa del juez para contarle lo sucedido. El juez, incrédulo, los miró con desdén.

—¡Imposible! —dijo el juez con tono burlón—. Ese chico está tan vivo como este gallo y esta gallina asados que estoy a punto de comer.

En ese instante, el gallo y la gallina saltaron del plato y comenzaron a cantar, llenando la sala con su cacareo.

—¡Milagro! —gritó el juez, cayendo de rodillas—. ¡El joven es inocente!

Desde ese día, la ciudad de Santo Domingo de la Calzada guarda con reverencia la historia del milagro. En la catedral, un gallinero mantiene siempre una gallina y un gallo vivos, recordando el prodigio. Cada año, en mayo, la festividad de Santo Domingo reúne a numerosos visitantes que presencian procesiones y representaciones teatrales de esta leyenda.

El Caballero de Estella

En una fría mañana de otoño, un caballero solitario caminaba por los senderos de Estella, Navarra. Los árboles comenzaban a perder sus hojas, y un aire gélido soplaba, recordándole sus propios sentimientos de culpa y arrepentimiento. Su armadura, aunque desgastada, brillaba con la luz del amanecer. Sus pensamientos eran oscuros, cargados de remordimientos por los pecados cometidos.

"¿Encontraré alguna vez la redención?", se preguntaba mientras avanzaba.

En un cruce de caminos, tropezó con una anciana peregrina, agotada y sedienta. Sin dudarlo, compartió con ella su agua y su pan.

—Gracias, noble caballero. Que el apóstol Santiago te bendiga y te guíe en tu camino —dijo la anciana con una voz temblorosa pero agradecida.

Esa noche, el caballero durmió en un albergue humilde. En sueños, el apóstol Santiago se le apareció, vestido con una túnica blanca y portando un bastón de peregrino.

—Has mostrado compasión y arrepentimiento, hijo mío. Sigue tu camino con fe, y encontrarás la redención que buscas —dijo Santiago, su voz llena de paz y sabiduría.

Al despertar, el caballero sintió una nueva fuerza en su corazón. Continuó su peregrinación con renovada esperanza, ayudando a otros peregrinos en su camino y mostrando una devoción sincera. Al llegar a Santiago de Compostela, se arrodilló ante la tumba del apóstol y sintió una profunda paz interior. Su corazón, antes cargado de culpa, ahora latía con la certeza de haber encontrado la redención.

Mientras rezaba en silencio, una luz dorada llenó la catedral, y una voz celestial le susurró:

—Tu camino no ha terminado. Ayuda a otros a encontrar su redención y la tuya será eterna.

Desde ese día, el caballero dedicó su vida a guiar a otros peregrinos, convirtiéndose en una leyenda viviente del Camino de Santiago.

El Santo Grial en el Camino

En una tarde de verano, un grupo de peregrinos se detuvo en un pequeño pueblo de Galicia, atraídos por las historias de un monje anciano que conocía la ubicación del Santo Grial. Las calles empedradas y las casas de piedra del pueblo irradiaban una serenidad antigua. Al entrar en la iglesia del pueblo, encontraron al monje orando ante el altar barroco, bellamente historiado.

—Padre, hemos oído que conoces la ubicación del Santo Grial. ¿Es cierto? —preguntó uno de los peregrinos, su voz cargada de esperanza y emoción.

El monje levantó la vista, sus ojos brillaban con sabiduría y misterio.

—La búsqueda del Grial no es solo un viaje físico, sino también un camino espiritual. El Grial reside en el corazón de aquellos que buscan con sinceridad y fe —respondió el monje, con una voz tranquila y profunda.

—¿Podemos seguir tus pasos para encontrarlo? —insistió otro peregrino.

—Sigan el Camino, ayuden a los necesitados, y oren con devoción. Solo entonces podrán encontrar lo que buscan —dijo el monje, antes de volver a su oración.

Los peregrinos se miraron entre sí, comprendiendo que su búsqueda debía ir más allá de lo tangible. Con renovada determinación, continuaron su camino, ayudando a otros y reflexionando sobre sus propias vidas. Cada paso les acercaba no solo al Grial, sino también a una mayor comprensión de sí mismos y de su fe.

Apariciones Milagrosas y Visiones

Una oscura tarde, en el tranquilo pueblo de O Cebreiro, un joven peregrino se arrodillaba en oración en una pequeña capilla. Las velas titilaban suavemente, proyectando sombras danzantes en las paredes de piedra. Afuera, el viento susurraba entre las montañas, creando una sinfonía natural.

—Madre Santísima, guíame y protégeme en mi camino —rezaba con fervor.

De repente, una luz resplandeciente llenó la capilla, y el peregrino levantó la vista, atónito. Ante él, apareció la Virgen María, rodeada de una aureola celestial.

—Hijo mío, tu fe te ha traído hasta aquí. Sigue tu camino con amor y devoción, y siempre encontrarás la protección divina —dijo la Virgen, su voz suave y llena de amor.

El peregrino, con lágrimas en los ojos, se sintió inundado por una paz y una alegría inmensas. Al desaparecer la visión, supo que su camino estaba bendecido y que nunca estaría solo en su peregrinación.

Desde entonces, numerosos peregrinos han reportado visiones y apariciones milagrosas durante su travesía por el Camino de Santiago, reforzando la espiritualidad y la devoción de los caminantes.

El Guardián de los Sueños

Cerca del final del Camino, en una colina solitaria, se encontraba la aldea de San Juan de la Peña. Un lugar envuelto en leyendas, donde se decía que los sueños de los peregrinos se volvían realidad. Diego, un joven que había perdido la fe en sus sueños, llegó a la aldea buscando respuestas.

—Dicen que aquí se pueden recuperar los sueños perdidos —dijo Diego a un anciano que tallaba madera en la plaza.

—Así es, joven peregrino —respondió el anciano—. Pero primero debes enfrentar al Guardián de los Sueños, que vive en la cueva de la montaña.

Esa noche, Diego subió a la cueva. En su interior, encontró un hombre de ojos brillantes y sonrisa enigmática.

—Soy el Guardián de los Sueños —dijo el hombre—. Para recuperar los tuyos, debes demostrar que aún tienes esperanza.

Diego, con la mirada triste, respondió:

—He perdido todo. No sé si me queda esperanza.

El Guardián lo miró profundamente.

—Cada sueño perdido puede ser encontrado si uno cree en su propio poder. Cierra los ojos y busca dentro de ti.

Diego obedeció y, al cerrar los ojos, comenzó a recordar sus sueños de infancia, sus esperanzas olvidadas y sus pasiones apagadas. Sintió una chispa de vida en su interior.

—Lo veo... veo mis sueños —dijo con voz emocionada.

El Guardián sonrió.

—Ahora, ábrelos y verás el mundo con nuevos ojos.

Diego abrió los ojos y, con asombro, vio el su entorno lleno de colores y posibilidades que había olvidado. Con el corazón renovado, continuó su camino, sabiendo que sus sueños estaban a su alcance si mantenía la fe.

En su último día en el Camino, Diego encontró a un joven peregrino que había perdido la esperanza.

—No te rindas —le dijo Diego—. Los sueños pueden perderse, pero también pueden encontrarse de nuevo.

El Misterio de los Caballeros Templarios

En una tarde brumosa, Andrés, un joven arqueólogo, llegó a la antigua abadía de Ponferrada. Había escuchado rumores sobre un secreto guardado por los caballeros templarios que, según las leyendas, se encontraba en el subsuelo del lugar. La abadía, envuelta en sombras y con paredes cubiertas de musgo, emanaba un aire de misterio.

—¿Crees que encontrarás algo, Andrés? —preguntó su amigo Miguel, que lo acompañaba en la expedición.

—Estoy seguro de que aquí se esconde un secreto que cambiará la historia —respondió Andrés, con determinación.

Con linternas en mano, descendieron a los oscuros pasadizos subterráneos de la abadía. Los muros de piedra susurraban historias de caballeros y batallas. Tras horas de búsqueda, encontraron una puerta oculta con el símbolo de la cruz templaria.

—Este es el lugar —dijo Andrés, sintiendo una mezcla de excitación y temor.

Al abrir la puerta, descubrieron una sala llena de manuscritos antiguos y objetos de valor incalculable. En el centro, una caja de plata resplandecía con luz propia.

—Es el tesoro de los templarios —susurró Miguel, maravillado.

De repente, una figura espectral apareció frente a ellos. Un caballero templario, con su armadura reluciente y su espada en mano, les habló con voz grave:

—Han encontrado el legado de nuestra orden. Este tesoro no es solo riqueza, sino conocimiento y sabiduría. Usen lo que han descubierto para el bien de la humanidad.

Con el corazón palpitante, Andrés y Miguel se arrodillaron, prometiendo honrar el legado de los templarios. Al salir de la abadía, supieron que sus vidas cambiarían para siempre, y que tenían una misión de compartir el conocimiento encontrado.

El misterio de los templarios los llevó a descubrir secretos sobre la historia y el conocimiento oculto. Usaron su descubrimiento para iluminar a otros y preservar el legado de sabiduría que los templarios habían dejado atrás.

El Caballo de Santiago Apóstol

En una noche estrellada, mientras un grupo de peregrinos descansaba cerca de Finisterre, el punto más occidental del Camino, comenzaron a escuchar relatos sobre el mítico caballo de Santiago Apóstol. Se decía que en las noches más oscuras, el apóstol montaba su caballo blanco para guiar a los peregrinos perdidos.

—¿Es cierto que Santiago puede aparecerse para ayudarnos? —preguntó Marta, una joven peregrina con los ojos llenos de curiosidad.

—Así es —respondió un anciano del lugar—. En tiempos de necesidad, el apóstol aparece montado en su caballo, iluminando el camino con su presencia divina.

Esa misma noche, Marta se encontró sola en el bosque, habiendo perdido de vista a su grupo. La oscuridad la envolvía y el miedo comenzaba a apoderarse de ella. De repente, una luz espectral apareció en el horizonte. Un majestuoso caballo blanco, montado por una figura radiante, se acercaba hacia ella.

—No temas, hija mía —dijo Santiago, con una voz que irradiaba calma y seguridad—. Te guiaré de regreso a tu camino.

Marta siguió al caballo, maravillada por su resplandor. Al llegar de nuevo al sendero principal, la figura del apóstol se desvaneció, pero la luz del caballo permaneció hasta que encontró a su grupo.

—¡Es un milagro! —exclamó uno de los peregrinos al verla regresar.

Marta, con lágrimas de gratitud, supo que siempre estaría protegida en su peregrinación, y que el espíritu de Santiago Apóstol continuaría guiando a los peregrinos en su camino.

Desde ese día, cada vez que alguien se perdía en el Camino, la historia de Marta y el caballo de Santiago Apóstol era contada, llenando a los peregrinos de esperanza y fe en la protección divina.

CAPÍTULO 3:
GUÍA PRÁCTICA
DEL PEREGRINO

Preparación del Viaje

Para emprender el Camino de Santiago, es fundamental una buena preparación física y mental. Se recomienda empezar a entrenar con caminatas largas y llevar una mochila ligera con lo esencial: ropa cómoda, calzado adecuado, una cantimplora con agua, protector solar y un botiquín básico. Además, es importante investigar sobre las diferentes rutas y elegir la que mejor se adapte a las capacidades y expectativas del peregrino.

La preparación mental también es decisiva. El Camino puede ser un reto emocional y psicológico, por lo que es útil practicar técnicas de meditación y mindfulness para mantenerse centrado y positivo durante el viaje.

Rutas Principales

- **Camino Francés**: La ruta más popular, que comienza en Saint-Jean-Pied-de-Port y recorre unos 800 km hasta Santiago de Compostela. Pasa por ciudades históricas como Pamplona, Logroño, Burgos y León. Este camino es conocido por su rica historia y por la gran cantidad de infraestructura disponible para los peregrinos.

- **Camino del Norte**: Una ruta costera que ofrece paisajes espectaculares y menos concurridos. Empieza en Irún y pasa por ciudades como San Sebastián, Bilbao y Santander. Este camino es ideal para aquellos que buscan una experiencia más tranquila y desean disfrutar de las vistas al mar.

- **Camino Portugués**: Partiendo de Lisboa, este camino ofrece una combinación de cultura y naturaleza. Pasa por Oporto y cruza el río Miño hacia Galicia. Es una ruta popular entre los peregrinos que buscan un camino menos transitado pero igualmente enriquecedor.

- **Vía de la Plata**: Una ruta menos transitada que empieza en Sevilla y sigue una antigua calzada romana. Cruza la meseta española y ofrece un paisaje variado y tranquilo. Esta ruta es conocida por su autenticidad y por la oportunidad de experimentar la España rural.

- **Camino Inglés**: Una ruta corta que parte de los puertos de Ferrol o A Coruña y era utilizada por peregrinos provenientes de las Islas Británicas. Aunque es una de las rutas más cortas, ofrece una rica historia y hermosos paisajes. Es la más recomendada para los novatos en el Camino.

Alojamiento y Alimentación

A lo largo del Camino, los peregrinos pueden encontrar una amplia gama de alojamientos, desde albergues municipales hasta hoteles de lujo. Es importante planificar las etapas y reservar con antelación en temporada alta. Los albergues suelen ser económicos y ofrecen un ambiente comunitario, ideal para conocer a otros peregrinos.

En cuanto a la alimentación, los peregrinos pueden disfrutar de la rica gastronomía local en cada región. Platos típicos como el pulpo a la gallega, la empanada, el cocido maragato y los vinos son algunas de las delicias que esperan a los caminantes.

Muchos albergues y restaurantes ofrecen menús del peregrino, que suelen ser económicos y nutritivos, pensados para reponer energías tras una larga jornada de caminata.

Equipamiento y Consejos Útiles

J unto con la ropa y el calzado adecuado, es esencial llevar una buena mochila, ligera y ergonómica. Otros elementos útiles incluyen un saco de dormir, un poncho o impermeable, una linterna, bastones de *trekking* y una guía del Camino. También es recomendable llevar una pequeña libreta para anotar experiencias y reflexiones a lo largo del viaje.

La tecnología también puede ser una aliada. Aplicaciones móviles con mapas y guías del Camino pueden ser muy útiles para orientarse y encontrar alojamientos y servicios. Sin embargo, es importante no depender exclusivamente de la tecnología y estar preparado para situaciones en las que no haya cobertura o batería. Lo más importante del camino es lo que vemos y lo que encontramos en cada una de sus etapas, lugares, personas, paisajes, que dejan una huella en el peregrino y que pueden cambiar su vida.

La Credencial del Peregrino

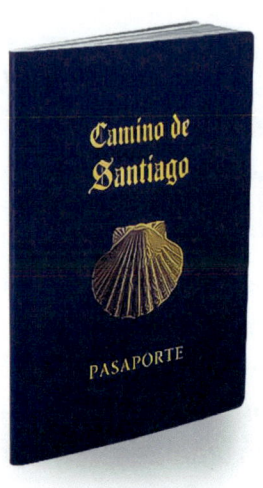

La credencial, también conocida como el pasaporte del peregrino, es un documento indispensable. Se va sellando en los diferentes puntos del Camino y es necesaria para obtener la Compostela, el certificado que acredita haber completado la peregrinación. Los sellos se pueden obtener en iglesias, albergues, bares y otros establecimientos a lo largo de la ruta.

Obtener la Compostela es un momento culminante para muchos peregrinos, simbolizando el logro de su viaje y su devoción. La Oficina del Peregrino en Santiago de Compostela emite este documento y también ofrece asistencia y orientación a los peregrinos que llegan a la ciudad.

CAPÍTULO 4:
CURIOSIDADES DEL
CAMINO DE SANTIAGO

Tradiciones y Rituales

El Camino de Santiago está lleno de tradiciones y rituales que los peregrinos han mantenido a lo largo de los siglos. Estas prácticas no solo enriquecen la experiencia espiritual del peregrino, sino que también crean un sentido de comunidad y continuidad a través del tiempo.

Una de las más conocidas es dejar una piedra en la Cruz de Ferro, cerca de Foncebadón. Este acto simbólico representa dejar atrás las cargas y los pecados personales. La Cruz de Ferro, situada a una altitud de 1.505 metros, es uno de los puntos más altos del Camino Francés. La tradición de dejar una piedra tiene sus raíces en antiguas prácticas celtas, y con el tiempo, los peregrinos cristianos adoptaron este ritual como un acto de penitencia y liberación.

"Recuerdo que cuando llegué a la Cruz de Ferro, después de días de caminar bajo el sol y la lluvia, sentí un alivio indescriptible al dejar mi piedra. Era como si todas mis preocupaciones se quedaran allí, en esa montaña", dice Clara, una peregrina italiana que completó el Camino en 2018.

Otra tradición es besar el Pórtico de la Gloria en la Catedral de Santiago, aunque debido a la conservación de la obra, ahora se recomienda un gesto simbólico. Esta majestuosa entrada, esculpida por el maestro Mateo en el siglo XII, representa la visión del Apocalipsis de San Juan. Durante siglos, los peregrinos han tocado la columna central o han apoyado su cabeza en el llamado "Santo dos Croques" para recibir sabiduría. Ahora, un cordón de protección impide el contacto físico directo, pero muchos peregrinos aún se detienen a contemplar y rendir homenaje.

Pórtico de la Gloria

En Finisterre, muchos peregrinos continúan su viaje hasta el fin del mundo conocido en la antigüedad, quemando alguna prenda de ropa como símbolo de renovación y transformación. Este acto finaliza la peregrinación con un sentido de cierre y nuevo comienzo o resurrección. Finisterre, con sus impresionantes acantilados y el vasto océano Atlántico, ofrece un escenario dramático y emocional para este ritual.

"Quemé mi camiseta de peregrino en Finisterre. Sentí que dejaba atrás una parte de mí, que renacía más fuerte y más libre", relata Javier, un peregrino español.

El Botafumeiro

El Botafumeiro es un enorme incensario que se balancea en la Catedral de Santiago durante ciertas ceremonias religiosas. Originalmente, su uso tenía una finalidad práctica: purificar y perfumar el aire de la catedral, que acogía a miles de peregrinos, muchos de ellos con poca higiene. Este incensario de plata, que pesa 80 kg y mide 1,60 metros de altura, se utiliza principalmente durante la Misa del Peregrino.

Ver el Botafumeiro en acción es una experiencia impresionante y una de las principales atracciones de la Misa del Peregrino. Este ritual se realiza en ocasiones especiales, como durante el Año Santo, y es operado por un grupo de tiraboleiros. El incensario puede alcanzar una velocidad impresionante y su vuelo a través del transepto es un espectáculo emocionante y lleno de simbolismo y belleza plástica.

"La primera vez que vi el Botafumeiro en acción, me quedé sin palabras. El olor a incienso, el sonido del órgano y la vista del incensario balanceándose me hicieron sentir una profunda conexión con todos los peregrinos que habían estado allí antes que yo", dice Ana, una peregrina brasileña.

Personajes Famosos que han Realizado el Camino

Numerosos personajes famosos han realizado el Camino de Santiago a lo largo de los años. Entre ellos se encuentran:

- **Paulo Coelho:** El conocido escritor brasileño realizó el Camino en 1986, lo que inspiró su libro *El Peregrino de Compostela (Diario de un Mago)*. Sobre  su experiencia, dijo: "El Camino de Santiago me enseñó que el primer paso es el más difícil y que el resto es cuestión de perseverancia".

- **Shirley MacLaine:** La actriz y escritora estadounidense también completó el Camino y escribió sobre su experiencia en el libro *El Camino: Un Viaje Espiritual*.  Ella comentó: "El Camino de Santiago es una metáfora de la vida. Se trata de encontrar el propósito y el significado en el viaje".

- **Martin Sheen y Emilio Estevez:** El actor Martin Sheen y su hijo Emilio Estevez realizaron el Camino y produjeron la película *The Way*, que narra la historia de un hombre que camina en honor a su hijo fallecido. Martin Sheen afirmó: "El Camino es una experiencia que cambia la vida. Te conecta con lo que realmente importa".

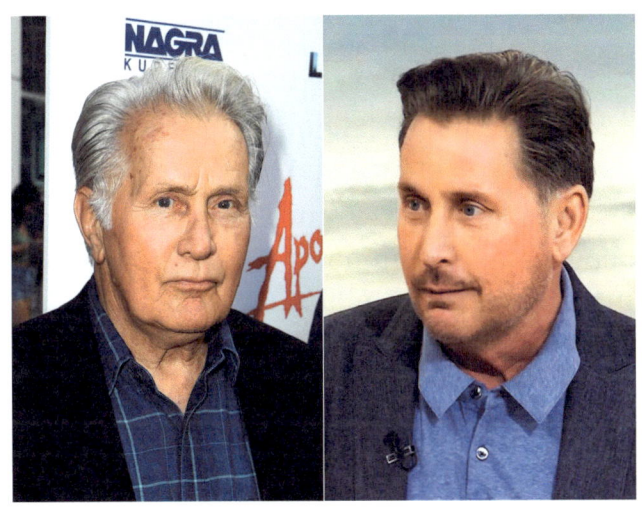

- **Stephen Hawking:** El renombrado físico teórico realizó el Camino en 1986 con su familia. A pesar de sus limitaciones físicas, ex-

presó que la experiencia fue profundamente inspiradora.

- **Papa Juan Pablo II:** En su visi- ta a Santiago de Compostela en 1989, dijo: "Aquí en Compostela, se encuentra la respuesta a las preguntas más  profundas del hombre, las preguntas de sentido, de fe y de humanidad".

Estas historias y citas reflejan la profunda influencia que el Camino de Santiago ha tenido en personas de diversos ámbitos y creencias.

Anécdotas y Encuentros Inusuales

El Camino de Santiago es un lugar de encuentro de personas de todas partes del mundo y de todas las clases sociales. Esto genera una rica variedad de anécdotas y encuentros inusuales. Desde peregrinos que hallan el amor durante el camino hasta historias de solidaridad y ayuda mutua. El Camino está lleno de relatos inspiradores.

Por ejemplo, hay historias de peregrinos que, al perderse, han sido ayudados por locales que se convirtieron en amigos de por vida. Un peregrino alemán llamado Hans perdió su camino en los densos bosques de Galicia. Desorientado y sin recursos, fue encontrado por una anciana que vivía en una pequeña aldea. Ella le dio comida, refugio y una guía para continuar su camino. Hans regresó a Galicia años después para agradecerle, y la relación entre ambos se convirtió en una amistad duradera.

También hay relatos de músicos que se conocieron en el Camino y formaron bandas. Un grupo de peregrinos de diferentes países se encontró en un albergue en Burgos. Compartiendo su amor por la música, comenzaron a tocar juntos cada noche. Al finalizar el Camino, decidieron formar una banda llamada "Los

Peregrinos" y han realizado giras por Europa, llevando con ellos el espíritu del Camino.

Escritores también han encontrado inspiración en el Camino. Javier, un escritor mexicano, empezó su viaje buscando una pausa de su ajetreada vida en la ciudad. Las historias de los peregrinos y los paisajes cambiantes lo inspiraron a escribir una novela que se convirtió en un éxito de ventas.

El Camino y la Cultura Pop

El Camino de Santiago ha influido en la cultura pop de diversas maneras. Ha sido mencionado en libros, películas, series de televisión y música. Por ejemplo, la banda británica The Waterboys tiene una canción titulada "The Stolen Child", inspirada en el Camino. La serie de televisión *The Way* también ha contribuido a popularizar la peregrinación entre nuevas generaciones.

La película *The Way* ha sido especialmente influyente, inspirando a muchas personas a emprender el Camino. La historia, que sigue a un padre que camina en honor a su hijo fallecido, resuena con muchos peregrinos que buscan una experiencia profunda y transformadora.

El Camino también ha aparecido en documentales como *Walking the Camino: Six Ways to Santiago*, que sigue a seis peregrinos de diferentes países y sus experiencias en el Camino. Este documental muestra la diversidad de motivaciones y las profundas transformaciones que experimentan los peregrinos.

CAPÍTULO 5:
REFLEXIONES Y
TESTIMONIOS

Experiencias de Peregrinos

A lo largo del tiempo, muchos peregrinos han dejado sus testimonios sobre cómo el Camino de Santiago ha cambiado sus vidas. Estos relatos ofrecen una visión personal y emotiva de la peregrinación. Algunos hablan de una profunda transformación espiritual, mientras que otros destacan el sentido de comunidad y amistad que se forma a lo largo del camino.

Un testimonio conmovedor es el de María, una mujer que, tras perder a su esposo, decidió hacer el Camino sola. A lo largo de su viaje, encontró consuelo en las conversaciones con otros peregrinos y en la belleza del paisaje, conquistando una nueva paz interior.

"Perder a mi esposo fue devastador, y sentí que necesitaba un tiempo para sanar. El Camino me dio ese espacio. Las charlas con otros peregrinos, las oraciones en las pequeñas iglesias y la majestuosidad de los paisajes me ayudaron a encontrar paz y consuelo."

Reflexiones Espirituales

El Camino de Santiago es un viaje de introspección y autoconocimiento. Los peregrinos durante el recorrido a menudo reflexionan sobre sus vidas, sus metas y sus valores. El tiempo en soledad y el contacto con la naturaleza permiten una desconexión del ajetreo cotidiano y una conexión más profunda con uno mismo y con el entorno.

Muchos peregrinos reportan que el acto de caminar día tras día les permite meditar y clarificar sus pensamientos. La simplicidad del camino, donde las preocupaciones diarias se reducen a comer, dormir y caminar, ofrece una perspectiva renovada sobre lo que realmente importa en la vida.

"Caminar durante horas en silencio me permitió pensar en mis prioridades y en lo que realmente quiero para mi vida. La belleza del Camino y la amabilidad de las personas que conocí me recordaron la importancia de la simplicidad y la gratitud", comenta Raúl, un peregrino argentino.

El Camino como Metáfora de la Vida

Muchos peregrinos ven el Camino de Santiago como una metáfora de la vida misma. Las dificultades y los retos del camino representan los obstáculos que enfrentamos en nuestra existencia sobre la tierra, mientras que las recompensas y las alegrías simbolizan los logros y las experiencias positivas. Esta analogía ayuda a los peregrinos a poner en perspectiva sus propias vidas y a encontrar un nuevo sentido de propósito.

Una peregrina relató cómo superar las duras etapas de montaña le enseñó a enfrentar sus propios miedos y a confiar en su fortaleza interior. Otro peregrino describió cómo las pequeñas muestras de bondad de extraños le hicieron recuperar la fe en la humanidad.

El Camino Hoy

Hoy en día, el Camino de Santiago sigue siendo un fenómeno global, atrayendo a personas de todas partes del mundo. Ya sea por motivos religiosos, espirituales o simplemente por el deseo de vivir una aventura única, el Camino continúa siendo un símbolo de esperanza y renovación. Las rutas están mejor señalizadas y equipadas que nunca, y la infraestructura ha mejorado considerablemente para acoger a un número creciente de peregrinos cada año.

El impacto del Camino se refleja también en las economías locales, que han florecido gracias al turismo peregrino. Muchas comunidades a lo largo del Camino han experimentado un renacimiento cultural y económico, revitalizando tradiciones y festividades locales. Incluso algunos peregrinos han decidido trasladarse a vivir a poblados de la zona, lo que ha ayudado a revitalizar antiguos negocios y actualizar poblaciones con gente joven atraída por la magia de una naturaleza y un entorno únicos.

Decálogo del Peregrino

1. **Respeto y Solidaridad**: Trata a los demás peregrinos y a los locales con respeto. Ayuda a quien lo necesite.

2. **Cuidado del Entorno**: No dejes basura y respeta la naturaleza. Mantén el Camino limpio.

3. **Humildad y Paciencia**: El Camino es un proceso que requiere tiempo y esfuerzo. Sé humilde y paciente.

4. **Gratitud**: Agradece por la hospitalidad recibida y por las experiencias vividas.

5. **Autocuidado**: Cuida de tu salud física y mental. Escucha a tu cuerpo y descansa cuando sea necesario.

6. **Reflexión**: Aprovecha el tiempo para reflexionar sobre tu vida y tus objetivos.

7. **Espiritualidad**: Independientemente de tus creencias, mantén una actitud abierta hacia la espiritualidad del Camino.

8. **Alegría**: Disfruta del viaje, de los paisajes y de las personas que conoces en el Camino.

9. **Compromiso**: Comprométete con la ruta y con tus motivos para realizar el Camino.

10. **Conclusión y Continuidad**: Al llegar a Santiago, reflexiona sobre tu experiencia y cómo puedes aplicar lo aprendido en tu vida diaria.

Bibliografía

Valiña, Elías. *Guía del Peregrino a Santiago de Compostela.*

Gitlitz, David y Davidson, Linda. *The Pilgrimage Road to Santiago: The Complete Cultural Handbook.*

Coelho, Paulo. *El Peregrino de Compostela (Diario de un Mago).*

MacLaine, Shirley. *El Camino: Un Viaje Espiritual.*

Contactos Útiles

- **Asociación de Amigos del Camino de Santiago**: Ofrecen información y apoyo a los peregrinos.
- **Albergues Municipales y Privados**: Listado de alojamientos a lo largo del Camino.
- **Oficinas de Turismo**: Información sobre cada etapa y sus atracciones.